Mohamed Kanté

KERFALLA CAMARA

Mohamed Kanté

# KERFALLA CAMARA

## L'ESPOIR DU PEUPLE DE GUINÉE

Éditions Vie

**Imprint**
Any brand names and product names mentioned in this book are subject to trademark, brand or patent protection and are trademarks or registered trademarks of their respective holders. The use of brand names, product names, common names, trade names, product descriptions etc. even without a particular marking in this work is in no way to be construed to mean that such names may be regarded as unrestricted in respect of trademark and brand protection legislation and could thus be used by anyone.

Cover image: www.ingimage.com

Publisher:
Éditions Vie
is a trademark of
Dodo Books Indian Ocean Ltd. and OmniScriptum S.R.L publishing group

120 High Road, East Finchley, London, N2 9ED, United Kingdom
Str. Armeneasca 28/1, office 1, Chisinau MD-2012, Republic of Moldova, Europe
Printed at: see last page
**ISBN: 978-613-9-59816-8**

# Avant-Propos

Dans un monde où la question de liberté était rude, une nation consciente de son passé recouvrira sa liberté en toute simplicité.

Dans ce pays, l'homme a choisi la liberté afin de pouvoir prendre son destin en main, tout en assumant sa responsabilité.

Fier de soi, un pays décomplexé disposant d'un paysage multiforme se réjouira de toutes ses valeurs.

Dans le but de garantir cette liberté recouvrée, il décida de créer sa propre monnaie pour se maintenir débout.

Ce pays victime de toutes tentatives de déstabilisation mobilisera toutes ses forces pour la défense de sa souveraineté.

Dans une sérénité irréversible avec un état d'esprit précis, son peuple unira toutes ses énergies pour résister contre l'injustice.

Dans ce pays, la compréhension des faits parait être facultative, c'est d'ailleurs ce qui nous laisse croire que le génie serait ordinaire.

Il se présente comme étant le mentor de la liberté de la plupart des anciennes colonies françaises et portugaises.

Il s'agit de ce pays qui avait vite compris qu'aucune amitié ne peut se fonder sur la base d'une dépendance extérieure.

Il n'y a pas de collaboration sincère sans la responsabilité particulière afin d'établir un diagnostic sur la situation de chaque.

Il ne pourra jamais y avoir une parfaite collaboration sans la présentation préalable de l'agenda de chaque participant.

Je parle de ce pays qui a mis en avant ses diversités culturelles pour amorcer concrètement son indépendance.

Je lis l'histoire au bord d'un fleuve muet, où tout semblait être au repos.

Dans un silence paradisiaque, mon esprit jouait parfaitement son rôle.

Ce beau fleuve avec lequel d'ailleurs je tissais une amitié sincère, j'ai pu observer la nature dans tous ses états.

Au bord de ce grand fleuve, je constatais la présence d'une atmosphère chaleureuse.

J'aurais pu l'oublier, mais à chaque fois que je le fréquentais je bénéficiais d'une nouvelle leçon.

Adoptant cette attitude en vue de cogiter rationnellement, j'ai eu la chance de découvrir un certain nombre de réalités animales.

Après une longue durée de patience une idée fragile me traverse l'esprit de manière répétitive, et interrogative.

## Connais-tu Kerfalla Person Camara ?

Je n'ai pu donner aucune réponse mon esprit devenait froid comme le fond d'une fontaine.

À cet instant et au même endroit le muezzin fit l'appel de la prière.

À la fin de cet appel, je regarde tout tranquillement à ma droite j'aperçois une longue chaîne de fourmis noires alignées les unes après les autres.

Auprès de cette chaîne de fourmis l'on pouvait passer sans aucune agression elles ne provoquent point, mais dès qu'une d'entre elles, sera touchée elles prendront toutes sa défense.

Cette réalité animalière symbolise la solidarité, l'union et l'entraide.

J'ai aussitôt saisi cette réalité pour comprendre que toute société a besoin de l'aide des autres pour garantir son existence.

La distance à parcourir sera longue, mais rien ne sert de se décourager je continuais naïvement mon chemin.

Arriver dans un lieu inconnu tout fatigué je décide de me reposer avant de continuer mon chemin de là, je vis un oiseau sur une branche un toit dans la bouche faisant un aller et retour pour la fabrication de son nid.

Je finis par comprendre que ce n'est point la durée que l'on mène dans la conception de son œuvre qui compte, mais plutôt la finalité.

Le fait de transporter un toit à chaque instant réduit son travail, et lui donne l'espoir d'en finir quel que soit le temps.

Après avoir tiré profit de cet enseignement, j'ai eu plus de courage en toute liberté.

Ce n'est pas une évasion, en revanche je m'engage à la quête d'une chose.

Je crois estimer une dizaine de kilomètres parcourus, à la rentrée d'un petit village appelé Tenkôtô je vois une poule qui décortiquait les graines en les poussant vers ses poussins avant de les manger.

Ce geste m'a permis de comprendre que tous les êtres vivants communiquent qu'il soit de façon verbale, ou symbolique.

Ce jeune homme dit-elle, on ne choisit pas la parenté, mais au contraire on peut choisir l'amitié, choisir ce qu'on dit, mange, ou fait.

Plus loin cela voudrait dire, traite tes semblables comme tu souhaiterais être traité.

En effet, je me suis senti fier de continuer en constatant des choses pleines de moralités loin parfois d'être une réalité dans certaines sociétés humaines.

Je me suis engagé dans une atmosphère heureuse, tout en devinant la suite surprenante que mon chemin tente de me démontrer.

Sous un manguier à la sortie de ce village, je vois un animal de couleur verdâtre couvert d'une peau pouvant imiter la couleur de divers objets.

Il effectue un mouvement sur lui-même sans une observation attentive, on ne sentira aucun effort de sa part.

Il dispose d'une colonne verbale épaisse de ce qu'on peut contester, il ne se précipite pas, et il n'a peur de rien il s'agit bien sûr du Caméléon.

Je me rappelle que c'est ce grand maître dont Amadou Hampâté Ba nous parlait dans son célèbre ouvrage.

J'ai pris la peine de faire ma propre remarque, sa peau tout comme sa démarche interpellent vers la vigilance, la certitude et l'assurance.

Il vise sa direction, il ne pose pas du tout son pied sans se rassurer qu'il n'ya pas d'obstacle sur son chemin.

Étonnamment cette fois-ci je vais en une allure distractive, c'est à dire sans aucune pression.

Je reste serein et optimiste sachant que je me dirige vers une société humaine.

Derrière moi, j'entendis une voix féminine et infantile presque inaudible car l'on ne pouvait pas se prononcer sur ce qu'il entendait.

Du coup, je décide de consacrer peu de temps en vue de satisfaire ma curiosité.

Après une vingtaine de minutes je vois une petite fille qui me paraissait profane suivie par un chien domestique.

À vue d'œil, cette fille n'a pas l'âge de s'orienter vers une direction rationnelle, elle va au gré de ses intuitions or malgré tout, le chien fait le shopping avec elle.

Ce fait indique la fidélité, la sincérité au-dessus de toutes autres raisons.

La balade de cette petite avec ce fidèle animal m'a fait comprendre sans doute que l'on ne doit jamais oublier d'où il vient ?

Je reste optimiste face aux diverses questions que l'esprit pourrait se poser.

L'objectif de ce périple, est de chercher à rencontrer monsieur Kerfalla Person Camara (KPC) dont nous avons décrit la patrie à l'entame.

Il n'y a aucune connaissance physique entre lui et moi, mais vu que c'est une personnalité publique qui a posé des actions visibles.

Alors, il serait très facile, de se servir de ces réalisations pour en savoir avec lucidité sous quel angle lui placer.

Il faut avant tout d'abord rappeler que Kerfalla Camara est un fils digne de la Guinée.

Né le 08 Mars 1970 dans la capitale Conakry, il fait toutes ses études au pays jusqu'en 1996 l'année à laquelle il obtiendra sa licence à l'Université Mère Gamal Abdel Nasser.

En 1998 sa fameuse entreprise Guicopress verra le jour.

PDG de Guicopress qui intervient dans le domaine du bitumage des routes, la construction et la rénovation des bâtiments n'est plus à décrire.

C'est une société qui incarne la confiance, la compétence, l'équité, le professionnalisme, et le respect de l'exécution des travaux au délai requis.

Elle continue d'intensifier ses actions après la Guinée, la Sierra Léone, la Côte d'Ivoire, le Ghana et le Sénégal.

Elle collabore également avec d'autres qui s'inscrivent dans le même cadre de travail qu'elle.

En réalité, Guicopress est devenue une entreprise internationale.

La question fondamentale que l'on va se poser maintenant est de savoir qui est KPC?

En vue de répondre à cette question, il conviendrait à se pencher sur le rapport établi entre l'homme et sa patrie.

L'amour de soi-même, l'amour d'autrui, et l'amour de Dieu.

Le premier préconise l'acceptation de son état, de son destin et de sa responsabilité face aux aléas de la vie.

Il se présente aujourd’hui comme un obstacle infligé à la conscience humaine elle-même, dans la mesure où la plupart des hommes refusent d'admettre cette notion.

Refuser de se faire passer pour celui qu'on n'est pas, être fier de ce qu'on devienne à chaque étape de notre existence.

Aimer l'autre, c'est de comprendre qu'en dépit de tout, cette personne a des prérogatives qui lui sont reconnues et garanties or, sans le respect de ces obligations vis-à-vis d'elle c'est notre vie qui sera en danger.

Par conséquent, la paix, l'amour et la protection que je souhaiterais pour moi-même en va de soi pour l'autre.

Je n'aime pas ce qu'elle dit, mais pour ne pas être en conflit avec la loi qui lui permet de le dire, l'on est obligé de l'admettre tel.

L'amour divin c'est le retour obligatoire de la pensée sur elle-même.

Cet amour nous oblige de nous aimer, et nous contenter de ce que Dieu nous propose, car rien ne change le destin, prolonge la vie en nous aidant à obtenir ce que nous voulons si ce n'est la prière.

Ce dernier exige une profonde réflexion pour mieux saisir les deux.

Cette démarche oblige l'être humain à se poser la question sur la raison, mais aussi sur le but de son existence.

Dès lors, où l'individu saura qu'aucune existence n'a été fortuite voici enfin certaines questions qu'il devra aborder.

Que dois-je faire pour ce généreux créateur qui se suffit et qui m'a offert ces conditions essentielles à la vie sans tenir compte de mon avis ?

Qu'est-ce j'ai fait pour mériter cette merveilleuse vie sans aucun effort de ma part ?

Après avoir se poser ces questions il pense à la vie de ceux qui n'ont pas pu bénéficier de cette vie pareille.

Elles sont d'une part, la base de la confiance et celle de la foi en Allah.

En définitif l'amour de soi, l'amour pour les autres, ainsi que celui du créateur ne sauraient être qu'une affection particulière réservée uniquement pour Allah.

L'homme tout comme l'environnement qui l'entourent ne sont rien d'autres que ses œuvres.

Tout ce qui pourrait être considéré comme une invention n'est qu'une simple imitation, copie ou de la transformation que Dieu nous propose à travers la nature que nous disposons.

Cependant, aucune connaissance scientifique, technique, artistique ou artisanale ne pourra aller au-delà de la métaphysique.

L'insaisissable appartient au créateur de l'univers de ce fait, aucune connaissance ne sera au-dessus de celle de Dieu.

Combien ont perdu la vie en tentant d'aller en dehors du visible ?

L'âme n'est-elle pas plus petite que l'atome mais sa puissance dépasse la connaissance humaine.

En réalité, l'individu peut se causer du tort ça n'engage que lui, il pourra commettre une infraction envers Dieu il lui pardonne, mais dès qu'il blesse sa créature il lui donne le plein pouvoir de lui pardonner ou pas. Cela voudrait tout simplement dire, qu'il ne pardonne pas à la place de l'homme contre qui le mal est fait.

Cette logique est une réalité mais qui invite l'homme au pardon et à la tolérance.

L'homme est un produit divin donné à une société particulière à laquelle il doit obéissance, amour, respect, et reconnaissance.

Il faut noter que cette reconnaissance est une obligation et qui ne va point à l'encontre de celle de Dieu.

Je dirai que c'est une obligation pour une personne d'aider la société dans laquelle elle naît et grandit.

N'est-ce pas d'où l'origine de la zakat et de l'aumône ?

Nul ne parvient seul sans l'aide des autres qu'il s'agisse de façon directe ou indirecte.

Très fort malheureusement beaucoup tournent le dos ou ignorent cette réalité quand ils réussissent.

La société ajoute son grain de pousse de façon non lucrative entre guillemets, au retour vous contribuez à son amélioration.

Bref, nous devons à notre société de gré ou de force.

La valeur de KPC est le fait que malgré sa vision de bâtir une société moderne, et attractive il se souvient toujours de ses compatriotes dans les moments difficiles.

Kerfalla Person Camara est une personnalité publique incarnant à elle seule, toutes ces valeurs énumérées.

La sobriété, la gentillesse, et la bonne foi.

Connu pour sa générosité et sa disponibilité pour la cause de sa patrie, sans aucun abus de mot est un homme indispensable dans son pays en termes d'aide et de soutenance.

Sa vision de construire la Guinée en vue de la hisser au rang des pays disposant de nouvelles infrastructures aspire la confiance des autorités depuis plus d'une dizaine d'années.

Nous pouvons citer entre autres : celles routières, scolaires et sportives grâce à ces gigantesques réalisations certains pays limitrophes s'y intéressent.

Entrepreneur, homme d'affaires, et président du club historique Hafia (77) Sossé Banna pour les intimes est une figure charismatique et impérissable.

Il suffit de s'y rendre uniquement en Guinée ou en Sierra Léone pour s'en rendre compte.

Conscient des insuffisances du football guinéen après le Hafia dont il préside maintenant depuis quelques années.

Il prit l'initiative de collecter toutes les dispositions nécessaires, pour rehausser le niveau du football guinéen.

Ses propositions et concrétisations sont notamment : former des nouvelles générations sportives (footballistiques) mentalement, physiquement, techniquement, intellectuellement et tactiquement prêtes pour défendre la Guinée.

Avec toutes ces organisations il entend soigner les maux dont la Guinée souffre après des années.

Il met en place une académie dotée des appareils de dernière génération, capables de concurrencer les autres puisqu'ils s'adaptent au besoin actuel du foot.

Reconnu internationalement comme un amoureux du football, monsieur Camara ne se limite pas uniquement à sa connaissance personnelle dans le domaine.

Il consulte des spécialistes de tous les horizons, pour enfin corriger les anomalies qui pourraient affectées sa vision de faire.

Dans le souci de former une équipe dynamique et compétitive, il ouvre la porte à ces jeunes académiciens de voyager dans le simple but de les inculquer une idée de fair-play, davantage de profiter d'une nouvelle culture footballistique.

KPC un patriote fier de tenir notre drapeau haut et fort, est une valeur ajoutée à celle du peuple tout entier.

Tenant les couleurs nationales en tout lieu, Sossé est un support sur lequel se repose le dos de plusieurs personnes.

Il sera important de rappeler qu'il représente pour la jeunesse guinéenne, ce que l'arbre représente pour l'oiseau.

Un infatigable acteur dans la construction de son pays en toute circonstance.

En fait, tous ceux qui connaissent la Guinée pourront en témoigner toutes les actions de l'homme s'inscrivent dans le cadre du développement de son cher pays.

Sa philosophie étant la nation avant tout, il intervient sans doute dans la gestion des crises au niveau de tous les secteurs économiques. Il faut avoir le courage de le reconnaître Kerfalla Camara est un anti-douleur pour les populations guinéennes tout comme pour le gouvernement.

Impossible de compter le nombre de personnes qui ont traversé sur sa toile.

KPC n'est point un homme riche, c'est un homme de foi, de conviction, de chaleur qui vienne toujours au secours au bon moment.

Tirant les mains des nécessiteux sans aucune publicité, pour ce titre de sagesse il est considéré comme étant la colonne verbale des jeunes vibrant d'espoir.

Il faudrait par ordre de mérite reconnaître ses actions, en parler pour qu'elles servent d'exemple.

En ce qui concerne, la paye Dieu s'en charge combien de personnes ont été aidées par ce baobab inépuisable.

A vrai dire, son étoile continuera de briller pour toute sa vie.

Le fait de régler le problème de plusieurs personnes dans la plus grande discrétion, fera de lui un noble cela est une évidence.

Il bouche le fossé de la pauvreté en République de Guinée, en réanimant les consciences et les espoirs longtemps endormis.

????C'est pourquoi, il ne sera pas du tout possible de dénigrer le système éducatif guinéen pour la simple raison que Kerfalla Camara est un produit de l'université guinéenne.

Il faut aussi le rappeler que la plupart des gouvernants de la première et de la deuxième République, étaient des produits de ces Universités.

Je suis entièrement d'accord qu'il faudra apporter des solutions qui nous conduiront au meilleur résultat.

Il faut bien dire la Guinée dispose des cadres compétents, capables avec une idée patriotique de la représenter partout.

Ce qui reste clair, il est bien possible de se former, de créer et d'investir en République de Guinée.

En réalité, cette Guinée n'impose aucune contrainte au développement personnel.

Kerfalla Person Camara est un bel exemple, il suffit tout juste de cultiver en soi le respect, la confiance et le désir de changer.

Avoir le sens de l'écoute personnalisée, créer des approches collectives dans un esprit inventif.

Ce n'est pas possible de démarrer toujours avec un fond colossal.

Pour la réussite de toute activité humaine, il sera certain d'avoir une ligne objective structurellement tracée à double tranche.

Le risque de perdre ne doit nullement affecter notre idée, c'est un côté qui devrait être perçu comme une balle perdue qui flotte dans l'air.

A l'entame de toute chose l'on doit cultiver sa propre confiance, tenir jusqu'au bout.

Malheureusement, il existe des réalités dans les sociétés africaines qu'on n'en parle pas souvent, dû à leur abstraction.

Pourtant elles constituent un véritable frein au décollage économique de certains.

L'abus du pouvoir un grave phénomène qui prend de l'ampleur, le fait de se servir de sa classe sociale pour empêcher la manifestation du désir de changement chez certaines personnes.

Un acte volontaire de la part de certaines autorités à freiner des nouvelles élites capables de proposer sur la table des idées profitables à tous.

C'est d'ailleurs l'une des composantes de la société guinéenne.

Ce type de blocage a détruit plusieurs projets qui devaient être réalisés à court ou à long terme.

Les raisons de ce blocage les plus connues sont les suivantes : la peur de perdre la place qu'on occupe au sein de l'administration, de l'entreprise ou encore le favoritisme.

C'est un phénomène indigne lorsqu'on ne se souci que de la simple satisfaction de ses intérêts égoïstes.

Les jeunes sont considérés comme étant l'avenir de leur pays, cette fausse idée doit être bannie définitivement.

Un autre fait le plus récurrent de la société guinéenne est bien la méchanceté.

Généralement elle prend sa source dans les familles où l'on peut parfois constater une réussite sur dix.

Elle se caractérise par un refus fratri de participer à la réussite des autres.

Le fait d'ailleurs le plus marrant de cette pratique provocatrice de haine familiale, c'est lorsque celui qui est supposé avoir les moyens financiers aide ou porte confiance à d'autres personnes pendant que ses propres frères sont dans le besoin.

À force de s'aventurer bêtement dans cette pratique illogique, la famille finit tout de suite par se diviser en deux blocs antagonistes.

L'une des réalités qu'on n'en parle presque pas, c'est l'orgueil.

C'est une pratique souvent de nature familiale ou amicale, là c'est une action inverse.

Un autre mal le plus grave de la société, c'est quand l'on décide volontairement de refuser de demander l'aide à celui ou à celle qui est censé de lui apporter, pour la simple raison qu'il s'agit d'un ancien ami ou d'un frère.

Il s'entête dans la pauvreté en confondant cela à la dignité.

Nul n'est censé connaître ce qui est au fond de l'autre, c'est pour cette raison qu'il serait essentiel de saisir l'opportunité pour exposer ses problèmes, mais à ceux qui seront aussi censé de nous apporter la solution.

Une autre évidence mentionnée dans le Saint Coran : la baraka pourtant, elle est l'une des choses les plus négligées par la génération actuelle.

Allah le très haut invite ses fidèles croyants à lui adorer sans aucun associé et à respecter leurs parents.

Cette notion parents, signifie bien le Père et la Mère qui nous ont porté quand on ne pouvait rien.

Elle prend également un sens plus inclusif c'est-à-dire toute personne supérieure.

Cette recommandation souvent banalisée par les jeunes, présente pour autant de symptômes réels sur le sort de l'individu.

Elle n'empêche point le destin de suivre son cours normal, mais inflige une mauvaise fin à ceux qui la négligent.

Ces pratiques existent dans toutes les sociétés, mais avec un faible taux dans certaines.

Selon l'organisation de toute société, ces réalités constituent des contraintes parfois passives tout comme actives.

Par conséquent, si nous avons conscience qu'elles constituent d'une part un frein à la cohésion nationale, à la solidarité, à la paix ainsi qu'au décollage social, économique, et culturel nous devons faire en sorte qu'elles soient à l'écart de tout mouvement social.

Toute règle susceptible de créer le divorce, doit être en marge de la société afin de favoriser la conjugaison d'un même verbe.

Chaque individu est appelé à faire une introspection en vue de corriger ses lacunes, se battre pour atteindre ses profondes aspirations.

On n'atteindra jamais l'objectif en adoptant des mauvaises habitudes.

Il est obligatoire qu'on change tant sur le plan social, culturel, professionnel que comportemental.

En guise d'exemple, saboter les autorités dans le vide, manquer du respect aux cadres, aux personnes âgées et agents économiques nous amèneront nulle part.

Je m'adresse à la jeunesse, on ne pourra en aucun cas s'épanouir dans le mensonge, dans la confusion, ou encore dans la trahison.

La jeunesse peut changer, mais pour y parvenir elle doit se débarrasser de l'arme qu'elle détient.

Elle doit être éloquente, qui parle de l'éloquence parle de la manière de s'adresser aux autres respectueusement.

Ne pas tenir des propos vulgaires, insensés capables de dissoudre le tissu social.

Refuser de percevoir des sommes modiques que lui proposent les hommes politiques, dans le but de détruire son propre pays.

Savoir revendiquer ou manifester, il faut reconnaître que la cause principale pour laquelle ses revendications ne portent pas leur fruit, c'est parce que la loi sur laquelle l'on se base pour revendiquer détermine avant tout la manière dont elle doit se tenir.

Le guinéen aime prendre des exemples sur des personnes ou nations étrangères en oubliant que celles-là n'adoptent pas du tout le même comportement que lui dans leur démarche.

Si par exemple, deux personnes savent conduire, la situation oblige que celle qui connaît la route soit devant comme guide.

Deuxième aspect, elles n'auront pas la même précaution à prendre.

Dans un autre cas il se peut qu'il ait une différence dans leur façon de conduire, mais toujours le principe voudrait que celle qui ne connaît pas la route soit derrière et va en fonction du rythme de l'autre.

Il faut donc savoir que la vie a ses propres mécanismes, et toute personne a un tempérament différent de celui de l'autre.

Ce qui signifie qu'il serait inutile de se servir de certains parfois, à priori se servir des principes fondamentaux.

En effet, l'on devra apprendre à accepter les exigences des choses qui lui mèneront vers le changement souhaité, sans quoi il se verra contribuer à façonner des idées dictatoriales.

Pour l'instant, je peux dire sans risque de se tromper que la jeunesse guinéenne ne fait que récolter ce qu'elle a semé.

Son combat devrait être celui de la concurrence dans le montage des projets dignes de nom, en vue d'attirer l'intérêt des autorités ou des bailleurs.

En Guinée nous sommes souvent victimes de notre propre comportement.

Les mauvaises paroles, les propos déplacés pouvant porter atteinte à la dignité humaine. C'est ce fouet qui vient nous chicoter généralement.

Ni l'école moderne, ni la démocratie ne devraient nous faire oublier que l'Afrique a des valeurs intangibles qui doivent être respectés.

Parmi ces valeurs, nous pouvons citer une qui est d'ailleurs très chère la soumission.

Elle est le socle de la réussite dans la société africaine.

Cette soumission est une véritable voie à la réussite en Afrique, par conséquent celui qui se soumet bénéficie tout de suite de l'amour et de l'aide de la société.

Le manque de considération de cette valeur peut même être la cause du rejet de certaines offres.

Cette réalité particulière à l'Afrique, ne doit nullement être négligée pour celui qui voudrait paisiblement vivre.

Pourtant, si l'on remarque de façon rationnelle le sabotage de ces valeurs empêche certains de triompher.

La vie structurelle de notre société est très difficile à connaître mais très facile à reconnaître et à respecter.

C'est une société qui fait moins attention au nombre de diplômes que l'on dispose, davantage du caractère et de la façon de se conduire.

La violation flagrante de certaines valeurs pourra même coûter la vie dans des circonstances imprévisibles.

Il ne s'agit pas de faire l'avocat du diable, ce sont des réalités incontournables qui sont souvent considérées par les jeunes vivants dans les zones rurales comme étant des réalités dépassées ou villageoises.

Si nous aimons réellement la vie des grands hommes qui ont réussi malgré des ça et là.

Il serait important de rappeler que je suis un garçon du vingt unième siècle mais qui parle de l'Afrique.

Nous savons bien que les causes qui font trébucher les jeunes sont nombreuses et qu'en conséquent, il faut en parler malgré leur diversité car la meilleure solution sera d'éviter les unes, et respecter les autres.

Se mettre à l'ordre avec soi-même ce qui nous aidera à atteindre notre objectif.

Je remarque qu'on a aussi souvent tendance à profiter de la gentillesse de certains compatriotes, durant de longues années sans faire bon usage dès que ceux-ci décident de mettre fin aux habitudes on les insulte, blâme, ou harcèle.

Ce genre de comportement dévalorise la société, amoindri la gentillesse car c'est de la pire ingratitude.

Ma remarque m'a révélé une autre catégorie de guinéens, qui se servent d'une fraction de pouvoir d'un proche pour semer le désordre ou manquer du respect aux innocents.

Le respect n'est pas une question qui s'intéresse à la classe sociale de l'être, c'est une question humaine.

Kerfalla Camara est l'un des rares hommes, qui ne s'est pas laissé emporter par l'ivresse de la fortune pour troubler de l'ordre.

Loin de tout ce qui peut nuire à la santé physique, mentale, et politique de sa nation, il s'organise de façon positive.

Un homme beau, simple, accueillant et obéissant, il retient l'attention des autorités dès le lendemain de la création de son entreprise.

L'ami des guinéens, il n'a pas tardé a multiplié ses œuvres de charité en mettant en place plusieurs organisations d'ordre humanitaire afin de soulager bon nombre de guinéens.

Connu internationalement pour ses interventions dans la résolution des crises sanitaires, il ne ménage pas mal d'efforts pour la construction et la rénovation des lieux publics dans le pays.

Un homme décomplexé disposant d'une noble vertu recommandée par le Messager d'Allah < l'aide>.

Cette vertu est une qualité que Dieu aime chez sa créature, car sa portée est essentielle, et large.

L'aide sort la mentalité tout comme la personne physique de la prison.

Elle apaise le cœur, rajeunit le corps, débloque les situations discrètes, redonne l'espoir, elle est la seule manière à travers laquelle on soigne le moral.

Elle règle divers problèmes que la personne qui la rend n'est pas même censée à connaître.

Elle peut prendre une dimension singulière tendant vers la généralité, dans la mesure où l'aide reçoit dans la plupart des cas une seule demande, mais celle-là finit par satisfaire plusieurs personnes.

KPC dispose notamment d'une considérable vertu qui multiplie son amour aux cœurs des guinéens toutes ethnies confondues, c'est celle de sa présence effective en Guinée.

Il fervent lutteur contre le chômage en République de Guinée, Sossé Banna a toujours fait de notre pays sa priorité.

Un inséparable ami de notre Syli national à tout moment, et en tout lieu pour leurs prodiguer de sages conseils.

Les actions posées par l'homme au pays sont inégalables, d'abord il a aimé, défendu et fait confiance en sa patrie en investissant en collaborant avec tous les régimes sans fuir ses compatriotes.

La question qu'on va se poser maintenant est de savoir est-ce que ces hommes pareils bénéficient aussi de l'aide des confrères ?

Je dis non, car très peu de gens pensent à ce sujet, qui est pourtant essentiel.

Il faut avant tout d'abord rappeler que l'aide la plus sollicitée est celle financière, mais les formes d'aides sont diverses et elles varient d'une personne à une autre.

La forme la plus appropriée et qui pourrait intéresser les personnes supposées êtres riches ou riches tout simplement est la moindre action qui aura pourtant une importante place dans le cœur.

Cette action est celle de la surveillance et de la protection des acquis, ainsi que l'apport des idées novatrices.

Mais pas de les voler ou s'intéresser uniquement à leur argent.

La préoccupation majeure des riches est la protection de leurs biens.

Nous avons longuement parlé de la soumission des enfants, mais est-ce que cette soumission s'intéresse seulement aux enfants ? non.

Nous allons cette fois-ci s'intéresser à celle de la femme en sachant que la réussite d'un homme est une responsabilité partagée.

La soumission de la femme envers son époux, et son comportement vis-à-vis de lui jouent un rôle primordial dans la réussite des hommes que nous sommes.

Cette soumission commence par la disponibilité de la femme pour son cher époux, sa bonne réponse aux besoins vitaux de ce dernier dans toutes les circonstances.

A l'exception de certaines raisons signalées indépendamment d'elle.

En termes de comportement, il s'agit d'apaiser le cœur de l'homme dans les situations délicates telles que : la détresse, le chagrin lui apporter son soutien et son sourire en toute simplicité.

La sauvegarde de ses acquis devra être aussi au centre de ses préoccupations, assurer l'éducation de ses enfants, s'occuper de l'entretien de la maison.

La chose qui échappe à la plupart des femmes africaines, c'est le refus de se priver de certaines de ses raisons, et plaisirs dans le but de rendre son homme heureux.

Cette question de féminisme que certains acteurs de la vie essayent d'inculquer aux femmes, ne correspondra pas du tout à la réalité africaine ni aux recommandations islamiques.

De préférence, les femmes africaines issues de la religion musulmane doivent tourner dos à cette théorie.

En effet, après avoir accomplir leur devoir islamique vis-à-vis de leurs époux, elles doivent conséquemment faire face à l'éducation des enfants.

La mère représente la première maîtresse de l'enfant, chargée de l'instruire les notions basiques de la vie à savoir : La vérité, le respect, l'honnêteté, la soumission, et enfin le permis et l'interdit.

Il ne doit en aucun cas rater ces notions car elles l'accompagneront durant toute sa vie.

On n'éduque pas un enfant pour ses deux parents uniquement, mais c'est parce qu'il doit aussi affronter la société.

L'importance de ce premier enseignement est que l'enfant à toujours confiance à la mère.

Si la femme est trop vu dans la réussite de la carrière professionnelle de l'homme, c'est parce que chaque homme est unique pour une femme, autrement dit aucune femme ne pourra avoir deux époux à la fois. Ce privilège n'est donné qu'à l'homme non à la femme, après le divorce elle peut quand bien même se remarier.

Une mère pourtant pourra avoir plusieurs enfants sans avoir un calendrier individuel pour leur apprentissage, contrairement à une épouse qui n'aura qu'un seul époux elle doit donc, avoir le temps de lui dorloter, lui calmer, caresser bref prendre soin de lui.

C'est en parfaite connaissance, de cette réalité que nul ne pourra parler de la brillante vie sociale, et professionnelle de monsieur Kerfalla Person Camara sans parler de sa chère épouse madame Camara Safiatou.

Safiatou Camara une femme exceptionnelle, modèle à suivre en qui d'ailleurs, j'adresse mes sincères félicitations pour son abnégation, sa probité morale, et intellectuelle dans la vie de son homme.

Une femme d'abord connue pour sa beauté, simplicité, et docilité est une lumière qui éclair la vie de cet homme d'affaire guinéen.

Elle représente non seulement un symbole pour les femmes guinéennes, grâce ses qualités remarquables.

La sagesse de madame Camara fait que malgré, le rang qu'elle occupe dans vie de Sossé, elle ne se fait point remarquer sur les réseaux sociaux.

Très élégante, et souriante grâce à sa sagesse, elle a su il n'y a pas de personne parfaite ni de meilleur couple.

La construction d'un meilleur couple est un processus lent, mais possible car il faut la mise en place d'un certain nombre de dispositif à savoir : la paix du cœur, la patience, le pardon, le sacrifice, et la tolérance.

Qui parle de sacrifice, parle de cette soumission détaillée en long et en large, les prières nocturnes, l'accueil chaleureux qu'on réserve à son époux à sa rentrée à la maison après une longue journée de travail.

Elle avait bien compris que pour avoir le bonheur qu'elle souhait, il fallait se concentrer sur sa vie conjugale.

Elle a su aussi que la femme ne cherche pas à avoir raison entre son époux et elle mais demande pardon même quand elle est consciente qu'elle a raison.

Je respecte cette femme, car malgré l'imperfection de l'œuvre humaine, elle a fait preuve de retenue, de respect absolu envers la famille, les amis, et option de son époux en toute confidentialité.

Madame Camara toutes les œuvres de Dieu possèdent deux côtés, négatif et positif, à côté de toute chose vous verrez ce qui vous énerve c'est la raison pour laquelle, il serait intéressant de savoir contrôler sa colère face aux réactions humaines, et vous avez su le faire.

La vie ressemble à une mer vous ne pouvez jamais vous plongez dans cette mer sans être mouillé.

Vivre, c'est donc accepter de subir la succession des épreuves heureuses et malheureuses, mais quelle que soit l'épreuve à laquelle vous faites face sachez que c'est pour un court moment donc la solution serait de dire Alhamdoulillah.

Vivre, ce n'est pas de chercher à rencontrer volontairement le malheur, mais de savoir le surmonter discrètement au cas où il arrive.

Si l'on ne pourra donc fuir les faits de la vie mieux vaut contrôler ses réactions envers eux.

Une bonne épouse, c'est bien celle qui sait que son paradis dépend de son mari pour une raison ou une autre, évitera à tout prix de mettre ce dernier en colère.

Madame Camara les connaissances humaines, sont parfois basées sur une pratique cultuelle dépourvue de tout sens.

S'il était permis à l'homme d'adorer l'homme, la seule personne qu'un enfant devrait adorer serait ses deux parents, et la femme n'allait adorer que son époux.

Vous êtes une très bonne épouse, que Dieu vous érige au rang de certaines épouses respectueuses du paradis telles que : Aicha, Khadiza, Mariama, Sarata, et Fatima Zahra amine.

La bonne gestion conjugale dont vous avez fait preuve, oblige la conscience humaine de confirmer la responsabilité de vos parents à vous donner les meilleures leçons de vie.

Elle est le témoignage d'une riche expérience islamique, sociale, et coutumière reçues de vos parents.

Toujours du point de vue mariage, je remercie et félicite monsieur Camara pour son sens élevé de pardon et de patience.

KPC savez-vous que l'homme n'est pas toujours recomposé à la hauteur de ses actes en Afrique surtout dans notre pays ?

Ne chercher jamais donc, cette récompense de la part de celui que notre créateur a qualifié d'ingrat. Sekou Touré a passé tout son temps à défendre la souveraineté, la liberté et les ressources de la Guinée, or nous savons tout ce qu'on dit de lui en Guinée.

Aujourd'hui c'est lui qui a mis le pays en retard d'après bon nombre de guinéens, et pourtant ils oublient ceux qui ont volé le contribuable guinéen pour aller investir ailleurs.

Vous avez eu toutes les opportunités d'aller investir ailleurs, mais vous avez décidé de le faire dans votre pays.

Les mots ne suffisent pas pour décrire votre patriotisme, le peuple est un témoin oculaire.

Vos ambitions pour la Guinée ne sont pas cachées, elles sont visibles d'autant puisqu'elles s'articulent au tour d'un certain nombre de faits réels.

Depuis toujours, l'équipe guinéenne est qualifiée comme étant une équipe technique maîtrisant la balle au pied avec un résultat qui n'a jamais été à la hauteur de la satisfaction des guinéens dû au manque d'établissement de foot.

Vous êtes parvenu à soulager tout un peuple, en mettant en place une grande école d'apprentissage de règles, et de discipline footballistique basées sur le professionnalisme.

Aujourd'hui plus besoin de se faire du souci pour aller suivre une formation académique en Europe.

Vous avez réuni toutes les conditions pour un meilleur apprentissage du football dans notre pays, avec des spécialistes aguerris.

Vous avez respecté vos engagements, honoré notre chère patrie.

Je suis tellement fier de vous, pour la raison simple que le produit guinéen n'était plus considéré depuis la mort de Sekou Touré en 1984.

Grâce à votre vision technique et professionnelle, cette donne a changé, elle est devenue porteuse d'espoir.

Le guinéen lui-même n'était plus considéré dans les pays voisins, grâce à vous cette situation change de visage petit à petit.

Un produit longtemps banalisé commence à se faire respecter par sa propre façon de de se cultiver.

Le guinéen est dans la dynamique de retrouver sa place tout en se maintenant au rang qu'il occupait dignement grâce à monsieur Kerfalla Person Camara.

Le pays bénéficie de votre expérience, vous êtes une source d'inspiration, un modèle à respecter.

Grâce à cette belle expérience profitable à tous, nous voyons aujourd'hui notre Guinée sortir de l'ornière.

La qualité de votre travail est appréciée un peu partout dans le monde, surtout dans les pays voisins.

Guicopress devient de plus en plus la convoitise de tous ceux qui veulent changer ou bâtir des infrastructures modernes durables.

KPC vous faites la fierté de la Guinée, qui dorénavant a son nom sur la liste des États qui contribuent à la construction de l'édifice continental et mondial dans plusieurs domaines.

Grâce à vous le pays a son mot à dire, lors des rencontres internationales patronales.

Vous vous êtes appuyé sur des points essentiels, voire indispensables étant à l'ordre du jour pour faire exister la patrie avec une puissance envoûtante.

En effet, Sossé Banna est parvenu à la suppression de la grosse question que l'on s'était longtemps posé à savoir : Une possibilité de réintégration culturelle et sportive en République de Guinée.

Monsieur nul besoin de vous inquiéter sur ce que l'on aura à dire, la place que vous occupez dans le cœur des guinéens est le fruit de votre travail libérateur.

Vous avez affronté la vie, sans fuir les possibilités d'obstacles qu'elle pourrait vous poser.

Votre croissance intellectuelle, économique ainsi que votre succès entrepreneurial est le résultat d'une longue année de bataille et de péripéties.

Celui ou celle qui nourrit en lui la peur d'affronter les possibilités, ou les impossibilités que la vie pourrait lui réserver démissionne de sa raison d'être, et par conséquent se prépare à la possibilité d'un éventuel échec.

La nature ne se parle pas, mais nous parle en nous livrant son secret dès qu'on lui parle. C'est pourquoi, il faut se créer des possibilités, sans lesquelles nous n'aurons aucune raison de vivre.

KPC vous avez fait ce que beaucoup de gens devraient faire dans ce pays, mais qui dans leur soi-disant malin ont préféré le faire dans le bénéfice de certaines nations.

En oubliant qu'ils ne seront que ce qu'ils sont, ils ont choisi de partir voulant éviter les épreuves que nous étions en train de traverser, et en disant non, ce pays est foutu à jamais.

Après que nous avons effectué quelques pas vers le progrès, ils reviennent en nous laissant croire qu'ils ont une leçon à nous donner.

Ils nous ont insulté et ont même voulu donner de l'occasion aux autres de faire la même chose, tout en oubliant que c'est leur vie qu'ils mettent en danger la Guinée va demeurer dans sa quête de liberté.

Ils ont affiché leurs désillusions face aux actes, qu'ils ont posé eux-mêmes.

Aucune hypothèse n'a été envisagée pour apporter quelque chose de meilleur à la Guinée.

Ce manque d'hypothèse pouvant aboutir à une résolution du problème, a montré au peuple leur volonté de ne participer à aucun développement.

Ils ont valablement exprimé leur refus de contribuer à la croissance économique de notre pays, mais toujours prêts à insulter ou à critiquer ceux qui le font.

Ils font rire après avoir atteindre leur limite, pensent obtenir tout maintenant sans rien foutre.

Ils passent tout le temps d'une onde à une autre pour se plaindre de rien.

N'yant pas pu résoudre ni leurs propres problèmes, ni ceux de la vie les voilà parfois dans les bars café en demandant un vert de café noir.

Ils pensent que, tant que ce ne soit pas eux rien ne pourra être fait, ils croient aussi que la violence est le seul moyen pour arriver au pouvoir.

Pour eux, toutes les connaissances sont inefficaces à part celles qu'ils ont mis en place pour dérober la Guinée.

Plus de vingt ans au pouvoir avec un bilan dérisoire, ils n'ont pu laisser aucun bon souvenir et grâce à ce mauvais résultat ils ne veulent de la réussite d'aucun régime.

Ils vont beau faire le tour du monde revenir ou rester hors du pays, ça n'engage qu'eux nous nous restons guinéens et fiers de l'être.

La seule arme qu'ils détiennent est de s'attaquer au vaillant peuple, grâce auquel ils survivent.

Le seul service que certains d'entre eux avaient rendu, c'était aux personnes étant dans une aisance financière afin de pouvoir s'attendre à un de plus.

C'est pour cette raison, ce service n'a jamais porté de fruits.

Le plus marrant de tout cela, ils sont les premiers encore à saboter les actions du gouvernement voulant détruire nos acquis lorsqu'on s'oppose parce qu'il le faut, ils prennent des micros pour chanter nos noms.

Oh bande identifiée et portée de doigt je t'invite à venir visiter la Guinée de Kerfalla Person Camara pour voir les réalités actuelles.

À vous qui aviez cru qu'investir dans propre pays est une malédiction, venez voir, les profondes mutations constantes engagées par un fils digne du pays.

Je remercie le gouvernement guinéen pour l'occasion qu'il offre aux entrepreneurs, afin de débattre des sujets essentiels au développement.

Je profite de ma plume pour remercier tous ces fils braves qui ont fait preuve de patriotisme, de respect, et de confiance pour investir dans notre pays.

Je lance un appel à l'Etat de veiller au respect de la protection physique et matérielle de ces hommes.

Je l'invite au strict respect de cette ligne partenariale de façon rationnelle, et mutuelle car c'est la Guinée qui gagne.

Jeunes de Guinée les valeurs de l'Afrique en général, et celles de notre pays en particulier avaient été défendues depuis maintenant un siècle.

Nos prédécesseurs avaient pour objectif : l'affirmation et la défense de l'identité noire, la liberté et la souveraineté des peuples.

La défense de la culture du monde noir sous toutes ses formes.

La liste est longue, mais ceux dont nous venons de citer étaient les questions fondamentales.

Il faut bien dire, qu'aucun accent n'a été mis sur ce point c'est à nous de comprendre que leur mission ne pouvait point être celle de développer l'Afrique, lorsqu'il s'agissait de faire face à l'occupant, et à l'occupé à la fois.

Une analyse à l'issue de laquelle, il a été décidé de faire face à l'occupant, en vue d'être en pleine possession de ce qui nous appartient.

Cette lutte n'a pas été facile, mais avec leur acharnement et ténacité ils sont parvenus à accomplir cette noble mission.

Nous avons donc hérité d'un Etat indépendant et souverain à notre tour après nous avoir éveiller les consciences que devons-nous faire pour cette Guinée ?

Avant de répondre à cette question, il faut bien reconnaître que la jeunesse se trouve aujourd'hui dans une profonde confusion.

Néanmoins ce que l'on peut dire, ce que la vérité peut être à vu d'œil tout comme elle peut être cachée.

Cependant la seule chose qui nous aidera à avoir accès à cette vérité est bien l'esprit de discernement.

Cet esprit permet à l'homme de déceler les choses de façon logique.

Il se caractérise par deux éléments à savoir : l'écoute et l'observation.

Ces deux nous conduiront à une vérité non seulement objective, mais aussi relative.

Certaines vérités s'emploient dans un concept bien précis en s'imposant momentanément à la conscience humaine comme étant une obligation.

En effet, il s'agit des vérités dites par obligation de la situation, ou parce qu'il le fallait.

Certaines choses qu'elles plaisent ou non devraient être telles surtout quand elles servaient à sauver une vie.

Tandis que, d'autres vérités sont employées en tenant compte du temps c'est à dire en restant dans un cercle fermé.

C'est pour cette raison, après toutes ces composantes il a été question de doter les États d'un texte de droit qui fera l'unanimité au sein des sociétés humaines.

La vérité qui nous concernera ici c'est celle qui devrait être dite à un moment pour sauver ce pays, mais qui n'a malheureusement pas été le cas.

L'on est conscient qu'à un moment donné certaines choses méritaient d'être dites, ou faites sincèrement de la part de certains cadres qui occupaient les fonctions.

Ces cadres concernés devront aujourd'hui répondre de leur acte quel que soit leur âge.

La vérité qu'ils ont refusé de nous dire hier pensant qu'on n'allait pas savoir doit être utilisée aujourd'hui pour les chicoter chaudement.

Y'en a parmi eux, ceux qui avaient fermé toutes les portes pour ne pas que les étrangers qui voulaient investir aient accès juste pour leur satisfaction personnelle.

Il existe d'autres parmi eux, qui à l'époque grâce à leur fonction ont délogé des paisibles citoyens pour s'approprier de leurs biens de manière illégale.

Combien d'entre eux ont contribué à ternir l'image de la Guinée, ils sont encore vivants ils sont même parmi nous.

Les plus graves d'ailleurs ce sont ceux qui sont restés dans leur chambre pour avancer des propos bizarres, afin de diviser les guinéens.

À salir la réputation des uns et des autres en disant du n'importe quoi sur les réseaux sociaux.

Comment un vaurien incapable de subvenir à ses propres besoins pourra se permettre de diffamer KPC ?

Mon frère un blogueur c'est quelqu'un qui s'informe, qui se cultive ensuite commente l'actualité, il se sert des informations publiques données par un organe spécialisé en la matière.

Il ne diffame Pas une personnalité publique, n'insulte pas et n'excite non plus les uns contre les autres.

Je vous pose la question qu'avez-vous fait d'ailleurs pour la Guinée qui puisse vous permettre de manquer du respect à ses fils dignes ?

Elle vous a mis au monde, vous a instruit, et nourrit gratuitement si vous n'avez rien à lui proposer alors évitez au moins de raconter des bêtises contre elle.

On ne peut jamais grandir en manquant du respect aux grands.

Celui qui veut réussir travaille, car le travail est le seul remède contre la paresse et le sous-développement ensuite il vous libère.

Un homme c'est celui qui pose, propose, innove et apporte des solutions inventives, mais pas se livrer à des pratiques comme celles-ci.

Pendant que les autres sont en train d'améliorer leur connaissance scientifique, technologique, d'autres se battent pour le respect des principes démocratiques dans leur pays, vous vous mettez à manquer du respect aux hommes de valeur.

Kerfalla Camara ne doit à aucun guinéen, plutôt c'est les guinéens qui lui doivent donc respectons nous.

À l'intention de ceux qui se disent influenceurs en République de Guinée si vous ne pouvez pas éveiller les consciences engouffrées dans leurs carapaces, faire la promotion de la culture guinéenne alors votre rôle n'aura aucun sens.

Aucune mauvaise langue ne pourra ternir la personne de Kerfalla Person Camara nous n'accepterons pas, les sottises ne seront plus permises.

J'invite la jeunesse au respect de la dignité humaine, au respect de notre culture, et à la conservation de notre patrimoine national.

À part les personnes anormales, chacun d'entres nous souhaiterait réussir sa vie cette réussite ne pourra jamais se réaliser tant que nous n'abandonnons pas certaines habitudes telles que :

Défendre un menteur pour des liens familiaux, ou professionnels.

Les joueurs méritent d'être supporté, encouragé, mais même au sein de notre équipe nationale, le phénomène commence à prendre de l'ampleur car souvent chaque joueur est supporté selon son quartier de naissance.

Le véritable amour pour un pays, consiste à respecter ses lois, ses attributs et à défendre ses acquis.

Aimer un domaine, consiste à lui apporter des idées critiques et constructives.

Je saisi l'opportunité pour féliciter et remercier monsieur Lamine Guirassy, Djiba Millimono ainsi que d'autres patriotes.

Les connaissances nouvelles dont nous disposons actuellement, doivent être notre seule arme de combat.

Rien n'est sorcier dans cette affaire, notre commun objectif doit être combattre le mal.

La seule volonté qui devra animer le guinéen, c'est bien sûr celle liée a son épanouissement surtout quand il sait qu'il a trop été victime.

Pour changer cette situation, il faudra aussi que nous acceptions de changer nous-mêmes notre façon de réagir.

Nous allons longtemps tenir de beaux discours, sans une sincérité interne nous allons vivre le pire car il serait de l'hypocrisie.

Et l'hypocrisie étant tellement dangereuse qu'elle nous mette en conflit avec les choses, et les personnes qui nous entourent.

Elle nous fait perdre ce que nous avons, sans atteindre à celui que nous recherchons.

L'hypocrite dissimule toujours quelque chose sous ses ailes, c'est la raison pour laquelle ce sont les guinéens eux-mêmes qui sont à la base des problèmes de la Guinée.

Ils s'insultent, s'entretuent, se diffament pour des choses généralement inutiles.

Changeons parce que c'est une obligation, sans quoi les autorités nous font changer avec des mesures répressives, soit Dieu nous fait changer avec des châtiments.

D'une manière ou d'une autre, changer de comportement tout comme de système sont une obligation.

La sanction la plus sévère qu'une autorité sera obligée d'infliger à un citoyen insupportable est de lui priver sa liberté.

La maison centrale de Conakry n'est-elle pas remplie de ces pareils citoyens ?

Pourtant, ils auraient pu être quelle que part à un moment donné il faut utiliser son cerveau la vie est encore longue.

En parlant des patriotes je me rappelle de monsieur Mamadou Antonio Souaré.

Dès son arrivée, l'on a pu voir la sincérité et l'amour de la patrie en lui.

Il n'a cependant pas hésité de poser des actes démontrant que tout ce qu'il avait pu gagner était réservé pour le simple bonheur de la population guinéenne.

Une figure emblématique tant sur le plan social, que sportif mes félicitations lui sont également adressées.

Ces mêmes félicitations sont adressées à monsieur Abdoul Sonocco pour son sens de patriotisme manifesté à l'égard de notre cher pays tous motivés pour le progrès.

Il n'y a point de voie absolue à la réussite, il ne peut y avoir que des règles absolues à observer, c'est à dire que pour réussir dans une entreprise il faudra obligatoirement obéir à un certain nombre de principes sans lesquels cette question ne serait qu'une simple illusion.

L'on devra savoir que cette vie ne pourra jamais lui offrir seulement des plaisirs, affronter donc, qu'une manière de s'instruire. Les difficultés qu'il rencontrera seront une pratique, une expérience.

La preuve en est que celui qui n'a jamais pensé à faire du bien dans sa vie réussi parfois dans ses mauvais coups, ce qui devrait nous attirer l'attention le plus c'est la détermination.

Chacun souhaite devenir ou avoir quelle que chose dans la vie qui lui fera du bien, la seule différence est la façon de le devenir ou de l'avoir.

Ensuite, d'autres ne savent pas par où commencer ou quel chemin devront-ils suivre tout simplement, c'est l'une des forces de monsieur Kerfalla Camara.

Une deuxième catégorie de personnes, il s'agit de celles qui se découragent en regardant tout simplement la distance à parcourir.

Pourtant, la pire manière de démissionner ou de s'accuser est de rester indifférent face aux épreuves de la vie.

Imaginons l'entourage de Kanté Souleymane avait voulu lui décourager lorsqu'il s'était fixé l'objectif de créer la langue N'KO, étant entouré des gens pessimistes il décida ainsi de migrer vers la côte d'Ivoire.

Imaginons si KPC avait cru qu'il ne sera pas possible de fonder une société avec le fond qu'il disposait à l'époque quel serait aujourd'hui son avenir ?

Notre vision ne pourra grandir qu'en mettant en place une pierre petite soit-elle.

En effet, si notre vision doit s'accroître ou pas c'est justement dans le temps que nous vivons, il faut donc savoir consacrer son temps au temps.

A force de trop vouloir éviter certaines épreuves on finit par les trouver sur notre chemin.

La métaphysique existe, mais si l'on connaissait déjà ses secrets il allait attendre son jour c'est pour cette raison Dieu nous a caché ses réalités, elles sont imprévisibles.

On peut cert, éviter certaines difficultés physiques mais pas celles mentales.

Vouloir : c'est une autre dimension très profonde sans limite, vouloir c'est avoir une cible qui peut empreinter divers chemins ce qui signifie que la cible peut engendrer des conséquences très néfastes telles que le désir ou l'envie.

C'est pourquoi, il faut se contenter du premier essai jusqu'à l'obtention d'un résultat favorable.

Vouloir c'est bien mais le manque de cible provoque le désir une chose très dangereuse car il peut être une volonté démesurée de la conscience, il est la seule chose qui puisse absorber ou déshydrater une vie humaine.

Combien d'hommes étant dans les cuisses d'une fille se sont fait débloquer les comptes bancaires en mine de rien, le pouvoir du désir.

Combien parmi eux, en voulant satisfaire ce désir sont tombés sous le pagne d'une belle femme ou encore perdre leur dignité et la vie a continué sa marche en ça ne fait rien.

Par la conduite aveugle du désir l'on peut se faire avaler sans s'en rendre compte.

Le plus grave des faits ce qu'il ne prévient jamais sur le côté sombre des choses, il nous fait cesser de devenir maître de notre conscience jusqu'à l'accomplissement de sa mission.

Il est donc important de dissocier le vouloir qui est un fait de maturité au désir qui souvent est une demande exigée d'un organe.

Si vous voyez un homme qui a réussi sa vie ne vous poser pas de question, il a sans doute été tenté par tous ces faits divers, juste le sang-froid et le suivi de l'objectif qu'il s'était assigné l'ont permis de traverser la mer avec succès.

L'envie est une autre dimension de la vie que peut prendre notre vouloir, ses conséquences sont souvent issues du goût, elle possède une force lourde qui pèse sur le cœur souvent l'on peut aller jusqu'à souhaiter du malheur aux autres.

Quand on a trop envie, on perd le sens de la raison par conséquent celui qui voudrait réussir devra se conformer et surtout respecter un processus que nous allons appeler la morale du moral afin de pouvoir atteindre cet objectif.

L'un des problèmes majeurs de la jeunesse guinéenne, est qu'elle reconnaît son état mais ne l'assume pas.

Le premier indice qui prouve qu'elle n'assume pas, est le fait qu'elle accuse toujours le gouvernement d'être à la base de son sous-développement personnel.

Aucun gouvernement ne peut résoudre la situation individuelle de ses citoyens, il ne pourra que s'intéresser à sa vie collective.

Partant de ce constat, il revient au citoyen de se tracer une ligne d'action.

Parfois, cette idée nous laisse même croire que c'est le gouvernement qui doit venir balayer l'intérieur de nos cours.

Cette fausse idée qu'on se donne est souvent la cause principale de l'accumulation des grèves en République de Guinée, dans la simple mesure où nous pensons qu'on ne pourra jamais réussir sans le gouvernement.

Il est bien vrai que, ceux qui nous dirigent se servent de notre contribuable mais je voudrais que nous sachions qu'il est possible de devenir ce que nous voulons avec ou sans ces dirigeants.

Il ne faut tout simplement pas se focaliser sur la philosophie véhiculée dans certains pays du nord, une philosophie selon laquelle l'Etat est capable de tout, parce que si nous analysons de façon systémique ou structurelle nous finirons par comprendre que quelques soient les revendications que nous ferons, nous ne serons jamais satisfaits.

Primo, si nous comparons les régimes à ce niveau, il faut admettre qu'au début tout élu du peuple sera animé par la volonté de travailler or quelle que soit l'expérience des gouvernements aucun n'est pour le moment parvenu à couvrir tous les besoins fondamentaux de ses populations.

En effet, cette prospérité individuelle à laquelle l'on s'attend, ne sera jamais une réalité dans nos sociétés.

En revanche, cette idée que l'on entend dans les pays du nord, selon laquelle l'Etat est une force capable de transformer tout a pu devenir une réalité pour la simple raison que dans ces pays chaque citoyen se bat de son côté, afin de pouvoir soumettre quelque chose sur la table qui puisse attirer l'attention du gouvernement.

Il assume et invite le gouvernement à s'impliquer dans sa réussite, grâce à cette action réciproque cette théorie a enfin cédé sa place à l'action pratique.

Je sais qu'il est très difficile d'exprimer ses opinions dans notre pays, mais bon la vocation de l'écriture n'est pas de se faire aimer plutôt c'est de se faire comprendre.

En vue de satisfaire nos besoins, nous avons intérêt à travailler acharnement et se créer des opportunités.

L'on a vu la quasi-totalité des hommes qui ont pu faire de leur rêve une réalité, ont été des hommes armés de courage, de patience et qui sont allés arraché leur bonheur ailleurs sans s'attendre à la moindre action de la part de leurs gouvernements.

D'autres ne sont partis nulle part, ils ont juste cru à leur génie créateur en investissant leur mental au profit de leur liberté économique.

Plus on travaille sur notre mental plus on se débarrasse de notre angoisse, et puis on accroît notre champ d'action.

Toutes les filiales et les bases que composent Guicopress aujourd'hui, sont les racines des idées personnelles de Kerfalla Camara.

Ce type de mental a besoin d'une culture, d'une éducation, mais aussi d'une concentration.

C'est un mental qui est synonyme du temps et tous autres moyens susceptibles d'être déployés à l'éducation d'un enfant en s'attendant a ses fruits dans cinq dix ou quinze ans plus tard.

Si on s'interroge souvent sur la question de l'époque, on n'aura pas à trop culpabiliser nos parents.

À force de se cramponner ou de se lamenter de son état, on risque de n'entreprendre aucune action en vue de s'améliorer.

On doit donc respecter Kerfalla Camara non pas seulement pour ce qu'il fait dans notre pays, mais pour ce qu'il a pu devenir de lui-même.

Il faut lui respecter parce que les autres lui respectent.

Il faut lui respecter, parce qu'il sert loyalement la nation.

Il faut lui respecter parce qu'il s'est fait respecter, mais aussi pour la simple raison qu'il nous aime et considère.

Travaillons parce qu'il nous faut travailler, sortons des faux débats parce que nul ne viendra faire notre affaire à notre place.

Défendons les bonnes personnes et leurs œuvres, parce qu'il n'existe aucune école dont l'enseignement est consacré aux mauvaises pratiques.

Soutenons les bonnes actions, car les valeurs immorales n'ont jamais inspiré confiance.

Soutenons les personnes selon leurs convictions, parce que les passions et les émotions ne nous procurent que des joies mêlées de tristesses éphémères.

Comportons-nous bien, parce que seul cela pourrait susciter la confiance des acteurs de la vie économique.

Je déplore le fait que nous ayons toujours le temps, de tenir des propos qui puissent diviser les guinéens.

Comment pouvons-nous avoir la solution à nos problèmes si nous ne nous unissons pas ?

Comment pouvons-nous faire face à cette problématique liée au développement si nous ne nous impliquons pas activement ?

La réponse approfondie de ces deux questions nous aidera à assumer pleinement notre devoir.

Personnellement, le rôle joué par monsieur Kerfalla Camara dans le cadre du développement de la Guinée ne me permet pas de rester sans mot.

Monsieur Camara je vous encourage à continuer dans cette perspective, les hommes intelligents vous observent, la roue oscille.

Nous sommes en Guinée le moment viendra où le peuple vous exprimera valablement ses opinions.

Vous n'avez point travaillé dans le gouvernement, mais vous avez servi dignement notre cher pays.

Tout ce que vous avez fait, émane de vos propres moyens un jour viendra c'est Dieu même qui décidera de vous faire changer de costume en vous élevant de ses grades.

Kerfalla, le seul Messager à qui Dieu a offert l'opportunité d'échanger avec lui fut Naby Laye Moussa

Un jour il demanda conseil à Allah

Allah lui recommanda ainsi de se montrer bon envers sa mère.

Et dit : celui qui se montre bon envers sa mère, je lui faciliterai tout dans sa vie.

Après sa mort il bénéficiera de ma compagnie dans sa tombe il ne sera jamais nostalgique.

Le jour de la résurrection je lui faciliterai le chemin d'accession au paradis.

Un autre jour il demanda l'avis de Dieu sur sa personne

Allah lui reponda : je ne saurais te parler de toi mais si tu veux savoir comment tu es, va dans tel endroit aussitôt arrivé à l'endroit indiqué, il s'arrêta et puis aperceva trois de ses voisins chacun parlant de ce qu'il sait de lui.

Cette histoire étant une preuve réelle que l'avis de nos voisins, celui de nos confrères comptent beaucoup dans notre vie.

Le peuple guinéen a sa réserve, votre ambition de faire de la Guinée une grande nation de football vous donne une importante place dans le cœur des jeunes.

Je vous invite à travailler plus pour rehausser le niveau de ce football moderne, avec la mise en place d'une télé spéciale pour la visibilité de vos produits.

Je vous invite à collaborer davantage dans ce domaine avec monsieur Mamadou Antonio Souaré pour le bonheur de notre foot.

Il y a plein d'adolescents à Conakry et à l'intérieur du pays, qui savent bien jouer mais qui n'ont aucune aide ils sont abandonnés à leur propre sort.

Pour mieux le savoir, il faut organiser une simple détection une ou deux fois par an vous découvrirez plus ces talents exposés dans la nature comme des feuilles mortes.

Le football est plus qu'un simple sport, c'est un business une porte d'entrée de l'argent.

Aujourd'hui à travers lui les nations renforcent et vendent leurs cultures pour consolider leur économie.

Monsieur Camara cette première sortie de vos académiciens est une ouverture cyclique.

Vous avez la volonté, mais aussi la bonne vision des choses votre implication constante fait renaître des espoirs qui finalement étaient prêts à s'éteindre.

Ce qui signifie que le domaine du football dans lequel vous investissez, vous donne le plein pouvoir de contribuer à la construction de l'avenir de plusieurs millions de jeunes.

Il vous permettra d'avoir un autre visage plus florissant, plus populaire, et surtout plus crédible aux yeux des autorités sportives.

Bien que peu signaler, mais grâce au football on peut réduire le taux du chômage, lutter contre la délinquance infantile, juvénile en formant des structures disciplinées, souples, et représentatives.

Il nous offre la possibilité de développer des infrastructures urbaines et rurales.

Avec la bonne organisation du championnat national, le football nous permet de freiner l'exode rural.

Connu pour ses règles luttant contre toute discrimination ethnique, et raciale il est le seul qui puisse rassembler les jeunes autour d'un idéal commun.

Le football que nous vivons aujourd'hui, nous permet de se réconcilier avec soi-même de compatir également à la douleur des uns et des autres.

Les compétitions que nous organisons nous donnent l'occasion de s'exprimer, de conjuguer le même verbe de faire la promotion culturelle (artistique) de chaque pays.

Il favorise l'harmonie, le respect tous incluent dans un esprit d'éthique et celui d'un fair-play solide.

Il nous offre des moments de plaisirs, de passions inoubliables dans une effervescente joie.

Sur le plan mental, il nous permet de faire une analyse lucide, d'avoir la bonne vision, la maîtrise du soi-même, la patience et enfin le pardon.

Sur le plan physique : il nous permet de se rajeunir, de maintenir l'équilibre, il permet également au corps à se défendre contre les maladies tout en purifiant et facilitant la circulation sanguine. Les bienfaits du sport notamment : le football sont immenses c'est l'une des raisons pour lesquelles, toutes les nations s'y intéressent.

Je vous encourage, je suis certain qu'avec toutes les mesures que vous avez envisagées il sera possible de former, de sponsoriser, et de vendre nos joueurs partout dans le monde.

En réalité, il s'agit des produits ayant acquis tous les critères internationaux.

J'aime le football car il représente un remède efficace contre le stress.

Monsieur Camara ne vous empêchez pas de collaborer avec les autorités sportives nationales, continentales, et internationales car nous savons bien que le football étant un domaine trop suivi a des principes stricts qu'il faut respecter.

Et quel que soit le prix à payer n'hésitez pas, car si c'était seulement à cause de l'argent certaines nations comme : l'Arabie Saoudite n'allait pas en faire une priorité.

Je vous conseille à vous engager dans la mesure où le football est un domaine spécial, mais multiforme.

Je profite de ma plume pour vous dire que le peuple de Guinée vous fait confiance, le monde aussi vous observe.

Au moment venu, ce peuple vous dira lui-même la place que vous occupez dans sa vie, le monde extérieur qui vous observait aura aussi son mot à dire.

Presque dix ans de croissance et de succès vous n'avez pas changé de comportement, continuez dans ce sens en suivant votre trajectoire droite car tous les actes conscients seront dignes de mémoire.

Je n'écris pas pour faire plaisir à quelqu'un, je m'intéresse à ce qui est, et à ce qui doit être.

Je ne me soucie pas de ce que je dois avoir en tant que croyant, je sais que c'est ce qui a été avant moi-même.

Je continuerai mon combat, il fallait juste que je mette à votre disposition les sages conseils que j'ai appris au bord du petit fleuve, avec lequel j'avais entretenu une sincère amitié.

Vous faites partie des guerriers parmi lesquels, certains ont pris des armes contre ceux qui voulaient démolir nos acquis.

Certains ont dénoncé le comportement néfaste des uns et des autres, d'autres ne font que proposer des solutions.

Tout ce que nous sommes en train de faire ou subir ne peut être qu'à l'image, de ceux qui ont existé avant nous.

Les plus érigés dans les rangs supérieurs du paradis furent : ceux qui ont fait preuve de bonne conduite entre eux et la société, mais aussi ont pu établir un bon rapport entre Dieu et eux.

Allah n'a jamais mis sur le dos de l'être humain, ce qu'il ne peut pas supporter.

Dieu a créé toute chose et son contraire, seul lui est unique internel.

J'ai connu des hommes qui étaient riches, le fait de fuir leur responsabilité Allah transforma cette richesse en pauvreté.

Ceux qui étaient en bonne santé ont perdu cette chose précieuse en devenant malades.

Ceux qui voyaient, ont perdu le vu c'était justement à cause de leur comportement inhumain.

Lorsque vous rencontrez ces gens, ne cherchez pas à les enlever sous le soleil non seulement vous ne pouvez pas car ils sont responsables de ce qu'ils sont devenus.

J'ai connu des gens qui n'avaient absolument rien, grâce à leur foi le sens de tolérance et de pardon Allah les a élevés au rang supérieur.

Si vous voulez voir les bonnes personnes, allez vers celles qui sont souvent sous-estimées.

Si vous voulez également connaître les personnes qui ne seront jamais pauvres, regardez parmi celles qui aiment tendre la main quel que soit le peu qu'elles ont, vous êtes de cette catégorie.

Monsieur Camara si vous voulez bien connaître les grands hommes, n'allez pas loin il s'agit de ceux qui respectent tous sans aucune distinction de nature ethnique, raciale, financière, ou professionnelle.

Vous êtes un de ces hommes dans notre pays, je profite encore une fois pour vous adresser les chaleureuses félicitations, et les remerciements soutenus de ma Guinée natale.

Que la bénédiction de Dieu soit avec vous ainsi que toute votre famille amine !

Je tiens à vous rappeler mon engagement constant à vous soutenir et mon indéfectible amour manifesté inconditionnellement à votre égard.

Je tiens à vous préciser que, vous êtes une référence pour moi et qu'un jour vous serez fier de moi comme je l'ai été avec vous.

KPC j'aurais préféré me taire, si votre histoire était comme celle de ceux-là qui avaient pris les armes contre nous au stade 28 septembre en 2009 mais je l'ai fait en tant que mérite de votre parcours.

Les hommes se connaissent et à travers cette connaissance, ils savent quelle place réservée pour chacun.

À un moment, tous les hommes peuvent sortir mais peu d'entre eux auront le mérite de parler, par conséquent les guinéens sont priés de bien vouloir se donner les mains pour un lendemain meilleur parce qu'un peuple divisé n'aura jamais la solution a ses propres.

Les guinéens doivent savoir qu'il est très facile de détruire en temps de guerre, que de construire en temps de paix.

Et c'est cette lenteur dans la construction en temps de paix, qui fait aussi la valeur de la paix.

En effet, la paix nous donne le temps de réfléchir, de conjuguer, de marcher dans la certitude.

Elle nous montre les voies du développement, elle nous donne le temps de se rectifier, elle nous permet de rester indivisible et surtout résister face aux forces extérieures qui tenteront de nous faire secouer. Au fait, rien ne peut être possible sans la paix, j'invite les guinéens autour de la table ronde pour discuter intelligemment de leur devenir.

J'invite chacun a faire de son mieux, pour la construction d'une belle Guinée dans un bonheur collectif.

J'exhorte chacun et tous de placer notre pays au-dessus de tout, car tout peut s'écouler mais cette Guinée va rester.

La Guinée mon âme, la Guinée ma vie, la Guinée mon avenir !

Une Guinée en progrès, une réussite totale dans les jours qui suivent.

La défense des vérités mon objectif, la Guinée ma priorité.

Aujourd'hui j'ai mal après avoir constaté que cette Guinée va mal, personne ne mesure l'ampleur que cela puisse prendre.

Pourquoi se diviser quand nous savons que cette Guinée est un patrimoine commun?

Pourquoi placer un individu ou un parti politique au-dessus de la nation ?

La Guinée mérite-t-elle ce qu'elle est en train de devenir grâce à la forfaiture commise par ses propres fils ?

Pourquoi se laisser manipuler par un groupe qui nous fait croire que peulh et malinké ne s'aiment pas ?

J'ai le profond regret de constater que ceux qui devaient apporter la solution, encourager les jeunes à travailler, créer un cadre de dialogue sont ceux qui provoquent de la haine entre les enfants d'une même femme.

Pourquoi cet esprit de xénophobie dans son propre pays ?

Pourquoi dénaturer l'histoire pour rendre les uns furieux contre les autres ?

Selon certaines sources, le malheur de la Guinée date de 1958 en 1984 en qualifiant Sekou Touré comme étant le principal auteur de ce malheur.

D'après le second camp, ce malheur dont le guinéen se plaint commence plutôt après sa mort c'est à dire de 1984 à nos jours.

En réalité, cette question ne devrait plus faire couler d'encre ni de salive dans la mesure où les historiens étaient les mieux placés pour établir fidèlement ce rapport qui fait l'objet d'une comparaison, voire même une division atroce.

Deuxièmement parce que les époques ne sont pas les mêmes.

Pourtant, d'un cas ou d'un autre les guinéens allument toujours la torche en pleine journée pour chercher la solution.

Pour mieux définir les responsabilités loin d'être individuelles, il sera nécessaire de faire une comparaison entre les régimes.

Avant tout, il faut reconnaître que le discours prononcé par le camarade Ahmed Sekou Touré le 25 Août 1958 n'a rien d'anti français, plutôt ce fut un discours d'annonce de position qui en même temps demande une collaboration mutuelle dans le respect des choix.

Après la proposition de la communauté France Afrique par le général Degaule notre pays a décidé d'imprimer sa position sans contrainte.

Conscient de la nécessité de la liberté, le camarade et ses amis ont préféré la liberté au-delà de toute autre raison.

Cette liberté d'expression à cause de laquelle nous condamnons Sekou Touré n'est-elle pas reconnue et défendue aujourd'hui comme étant la quatrième forme de pouvoir ?

Chacun est libre de ses pensées et le principal objectif qui s'était fixé les gouvernants du premier régime, était de permettre au peuple de jouir pleinement de sa liberté.

L'idée selon laquelle le camarade a demandé la cessation avec la France est fausse.

Le combat de Sekou était de voir une Afrique digne, indépendante, souveraine, et responsable.

Après le divorce idéologique, il s'était orienté vers les pays de l'est et a ainsi permis à la Guinée d'avoir des unités agro-industrielles dans presque chacune des préfectures du pays.

Il a également permis au peuple de participer librement à la gestion de la chose publique, en assurant la sécurité des uns et des autres.

Il favorisa la culture au centre de ses intérêts pour permettre à la jeune république d'imprimer sa marque, mais aussi d'affirmer son identité à travers le monde. Il fut un acteur majeur dans la libération des colonies portugaises, l'une des raisons fondamentales d'ailleurs de l'agression portugaise de 1970 perpétré contre la République de Guinée.

Il a passé tout son temps à défendre la Guinée et ses acquis, afin de permettre à ses successeurs de trouver un Etat ainsi que des institutions normales. Après plusieurs tentatives échouées, il se tiendra débout en créant ou participant à la création des organisations selon le contexte économique, social, politique, et historique du continent, en vue de répondre aux attentes des populations africaines.

Malgré cette envie de déstabilisation dans le cadre d'une domination imposée, il a quand même su poser les premières pierres d'un développement economique à travers la production et la transformation.

AST ne prenait pas seul les décisions, il consultait toujours le peuple, comme il aimait le dire c'est le peuple qui est au pouvoir c'est lui qui dicte a son gouvernement ce que ce dernier doit faire en politique intérieure et extérieure.

En réalité, on parle toujours de camp Boiro mais tous ceux qui parlent de ce Camp ne vous diront jamais la raison pour laquelle leurs parents sont restés.

On essaye de faire croire à l'opinion que ces gens n'ont commis aucune infraction juste une façon de diaboliser le père de l'indépendance.

Bref, il faut réaffirmer que Sekou a consacré la plénitude de son temps à la défense de la liberté et à celle de la souveraineté de sa chère patrie en laissant d'importantes réalisations dignes de noms.

Très fort malheureusement, nous aimons fêter la date de l'accession de la Guinée à l'indépendance sans en remercier celui qui l'a permis à accéder c'est une chose et son contraire.

Les documents écrits, nous font savoir qu'après le fameux discours tenu le 25 Août 1958 à Conakry, un mois plus tard le référendum sera organisé et les 94% des guinéens voteront oui à l'indépendance.

Avec cette majorité écrasante le 02 octobre 58 le pays proclame son indépendance et devient quelques jours plus tard pays membre de l'organisation des nations unies (ONU).

Ce jour on ne parlait pas d'ethnie on parlait de la Guinée, de ses ambitions, et de ses objectifs.

Il faut vite revenir sur les années (1984 2008)

Le 03 Avril 84 l'armée prend le pouvoir sous l'égide du colonel Lansana Conté devenu plus tard général de là notre pays entame la deuxième page de son histoire.

Au lendemain des années 84 toutes les œuvres laissées par AST étaient en place et en bon état.

En tant que militaire n'ayant aucune notion de gouvernance, le Colonel donna le plein pouvoir à ses ministres de gérer le pays dans l'intérêt supérieur de la nation.

Le régime de la deuxième République va complètement changer de système avec le passage du socialisme au capitalisme.

La liberté au libertinage, désormais le favoritisme, le détournement des derniers publics, et l'impunité prendront de l'ampleur.

La chose publique devient le nouveau costume des dirigeants.

Le président Conté a décidé de donner la chance à tous les cadres, afin de développer la Guinée en apportant le maximum de bonheur à tous les guinéens.

Mais hélas son intention a été traduite autrement, tous les acquis de la Guinée après la mort de Sekou Touré avaient été détruit par ces cadres malhonnêtes et incompétents.

Une malversation financière extravagante, les cadres de cette époque se sont servis de leur fonction pour personnaliser les biens publics.

Ils se sont permis à modifier la constitution, afin de se maintenir au pouvoir en oubliant le peuple.

À cette époque, on ne tenait plus compte de la compétence mais plutôt des liens familiaux, toutes les usines ont été mises à l'arrêt.

Les ressources du pays exploitées au seul profit des occidentaux, la pauvreté s'est aggravée, l'exode rural a pris de l'ampleur, le vol était devenu une monnaie courante.

Ce régime a détruit, plus qu'il a construit indépendamment de la volonté du président de la République.

Une chose reste claire, parler des mauvais souvenirs de ces cadres n'a rien à avoir avec la volonté du général Lansana Conté qui voulait d'une Guinée unie, prospère, et émergente.

Sans aucune intention d'endosser la responsabilité à qui que ce soit, il faut bien reconnaître que c'est pendant la deuxième République la Guinée a perdu sa vraie valeur ou son image réelle.

L'incapacité de ces cadres après la mort du président Conté, a permis au CNDD de s'accaparer du pouvoir de manière insolente.

Avec une junte inexpérimentée arrivée au pouvoir en 2008 les modes les plus utilisés pour gouverner le pays étaient : le fétichisme et l'arrogance.

Il faut rappeler que, quelle que soit la raison les militaires n'ont qu'une seule place c'est le camp, leur connaissance ne peut se résumer qu'aux armes, et leur rôle ne sera rien d'autre que la défense de l'intégralité territoriale du pays.

Ces jeunes ont pris le pouvoir de façon banale c'est la raison pour laquelle, la seule chose qu'ils ont pu laisser comme souvenir c'est de prendre les armes contre le peuple en le tuant, violant, et volant.

Le dénuement de cette histoire a laissé les guinéens sans mot avec un émoi inoubliable.

Un fait ineffable qui constitue beaucoup de non-dits, or cette prise de pouvoir par le CNDD est la résultante de l'incapacité, mais aussi de l'inefficacité des cadres étant aux affaires lors du décès du président Conté.

Selon la rigueur de la loi ces criminels doivent être condamné à perpétuité, après leur mort écrire sur leur tombe leur passé afin de servir d'exemple.

Les une année de pouvoir de Dadis reste le plus mauvais souvenir que le pays ait connu.

En 2010 les problèmes vont continuer à porter leurs fruits, puisqu'il faut le rappeler avant même 2008 notre pays n'avait plus une assemblée légitime.

En 2010 la première chose qui devrait être faite, c'était de permettre au pays de corriger les erreurs afin de lui offrir une possibilité de retour constitutionnel plus inclusif.

L'on a préféré aller aux élections présidentielles sans tenir compte de la constitution, ni des principes démocratiques en signant des accords.

Quel avenir pour un pays où les intellectuels font dos aux règles prescrites par les lois dans le simple but d'obéir à leur passion ?

La préoccupation majeure des opposants de 2010 était le fauteuil présidentiel en ignorant complètement la nécessité des institutions demeurant les seuls garants d'un Etat de droit.

Un opposant qui se base sur la constitution pour se présenter aux élections, sans avoir la moindre intention d'accepter les résultats que celles-ci donnent. Il est impossible de vouloir d'une chose et de son contraire.

Le fait de déposer sa lettre de candidature signifie qu'on reconnaît en toute liberté l'efficacité, l'habilité et la compétence de l'institution chargée. Par contre, ne pas accepter le résultat qu'elle nous donne est une violation flagrante de la loi un manque de respect total envers le peuple, cet acte mérite une condamnation.

On ne peut pas construire ce pays dans la confusion ou avec des intellectuels qui revendiquent tout simplement parce que l'accord qu'ils ont signé au détriment des lois et à l'absence de certains n'a pas été réalisé.

La Guinée a besoin des institutions normales, car les hommes passent c'est elles qui demeurent, elle a besoin des cadres dignes et compétents.

La Guinée a besoin des nouvelles élites capables de révolutionner son histoire mais pas de celles qui se fait vendre à une force extérieure.

Ce pays ne mérite pas ce qu'il est devenu grâce à ces cadres malhonnêtes qui ne se soucient que de leur poche.

On ne peut construire un pays avec un clan qui planifie l'échec de chaque président.

La politique politicienne a échoué pour la simple raison que la loi n'a jamais fait l'objet de référence, ou de respect unanime.

Le professeur Alpha condé a été élu à la base de deux choses: la confiance et le passé historique.

Élu à la magistrature suprême de la Guinée avec un bon projet, et de bonnes intentions de permettre à notre pays de recouvrir son indépendance financière.

Malgré ça des personnes malveillantes ont tout fait pour saboter le régime.

En réalité, les opposants guinéens n'ont aucune stratégie que d'inviter le bas peuple à manifester en vue de détruire les acquis.

Depuis 1984 jusqu'en 2024 la quasi-totalité des grèves en Guinée sont d'ordre politique. Le plus marrant, ce que les politiques ne respectent pas du tout la loi on parle toujours du dialogue inclusif pendant que chaque parti a son agenda.

Ces violations répétitives des lois nous ont toujours conduit dans la rue à mainte reprise, car pensant que les manifs sont les derniers recours, il faut donc appeler à manifester avec un bain de sang inédit.

Pour défendre une loi qui est l'expression de la majorité on a pas besoin de sortir dans les rues, mais on saisit plutôt les organes chargés d'assurer son application.

Il n'y a que le pouvoir pour arrêter le pouvoir en tout état de cause.

Toute omission de principe engendre des conséquences lourdes dont les maux ne pourront être soigné que par d'autres maux.

C'est pourquoi le PR Alpha Condé avait le plein droit de soumettre le projet de référendum au peuple, c'était à lui d'approuver ou non.

Son problème fondamental a été le simple fait d'organiser les élections pour se présenter à un troisième mandat, en tant qu'opposant historique.

Il s'agit d'un acte anticonstitutionnel qui contraint l'alternance démocratique.

Toutes les crises que traversent notre pays sont de nature endogène.

Il faut tenir à rappeler que ceux qui ont géré le pays pendant la deuxième République en mettant la Guinée dans la situation qu'elle est entrain de traverser, sont les mêmes qui se sont présentés aux élections présidentielles de 2010 et c'est une partie de ce clan qui a accompagné le professeur Alpha condé après son élection à la tête de notre pays.

Il faut oser le dire, l'échec de ce régime était déjà prévisible en ce sens que l'ambition a toujours été de se servir peu importe la manière.

Un opposant qui se plaint de l'invalidité d'un fichier électoral, traite la constitution d'un chiffon et par la suite se déclare candidat, après le vote il s'autoproclame président de la République perd sa légitimité car il s'agit d'un sabotage des institutions républicaines.

On ne peut pas prétendre être président sans avoir confiance aux autres candidats, aux institutions chargées d'organiser, et de proclamer les résultats définitifs globaux d'une élection.

Il n'est pas possible d'être opposant, ou commission électorale nationale indépendante, être la cour constitutionnelle en même temps.

La plus grosse erreur de la jeunesse qui n'est en rien le problème, est le fait d'espérer avoir la solution en menant le combat avec ceux qui sont à la base du problème. Je n'en disconviens pas que les objectifs soient définis, mais ce qui est évident, il ne sera jamais possible de trouver l'aiguille sur laquelle l'on est arrêté.

Cependant, ils pensent que tant que ce ne soit pas eux rien ne sera possible, ils pensent qu'ils sont mieux que n'importe qui or ce sont eux les problèmes.

Ils ont passé tout leur temps à se maintenir au pouvoir avec Conté, ils ont ainsi continué à manifester contre le régime condé les voici aujourd'hui contre le président de la transition Mamadi Doumbouya toujours avec le même bâton.

En tant que jeune des années 90 je connais parfaitement l'histoire de mon pays de l'an 2000 à nos jours, je pèse mes mots je ne m'intéresse pas à la personne mais aux faits.

Je n'opprime pas une communauté contre une autre, je ne défend non plus une autre pour une autre. De ce fait, je m'efforce à analyser les choses de façon logique sans aucune ironie, je ne chercherai jamais à faire plaisir à une personne.

À l'intention des guinéens Sekou Touré était un chef d'État et un homme d'État à la fois, une voix immortelle pour toute l'Afrique. Tout ce dont nous nous glorifions aujourd'hui sont les œuvres qu'il nous a laissé.

C'est dommage lorsqu'il est célébré par certains pays voisins, insulté dans son propre pays juste pour une raison ethnique, ou grâce à une déformation historique. Par contre, tous ceux qui avaient cru avoir raison se rendent aujourd'hui comptent petit à petit que Sekou avait raison et qu'il était déjà en avance sur son époque.

Les générations conscientes de ces pays, sont entrain de comprendre aujourd'hui qu'elles étaient vendues, englouties dans un grand fossé dont il faut sortir afin de pouvoir s'affirmer.

L'histoire n'a-t-elle pas donné raison à Sekou Touré ?

Cette logique est quand même au vu et au su de tous mais on refuse de le lui reconnaître parce qu'il s'agit de lui.

En fait, ce n'est point le fait de collaborer ou pas avec une tierce personne qu'on devrait avoir tout ce qu'on voudrait, ce qui est essentiel, les collaborations dépendraient des bases solides selon lesquelles les intérêts de tous seront défendus.

On a entendu plusieurs discours tenus par certains communicants qui au lieu de rassembler, ont fini par opposer les guinéens autour d'un même idéal.

J'invite les jeunes à faire preuve de retenue, et de prudence ne plus se concentrer sur ces débats fallacieux ou vides de sens.

Éviter de se laisser emporter par l'euphorie d'un événement, étant citoyen de Kaloum précisément Almamya j'ai eu la chance de vivre le 05 septembre 2021.

Si cet événement a été une surprise pour Conakry il faut bien signaler que dans le quartier présidentiel c'était une panique matinale.

La question que l'on se posait est la suivante : est-ce une attaque terroriste, ou une rébellion ou encore un coup d'état ?

Cette question reste suspendue jusqu'à l'apparition de la première vidéo lancée par les forces spéciales, attestant l'arrestation du professeur Alpha.

Aucun citoyen tué ni blessé par balle à partir de 15h l'on pouvait sortir pour observer la situation avec sérénité.

La première chose faite par les militaires pour faire plaisir à certains, était le fait de passer par la route le prince dans le but de prouver exactement que c'était le président Condé.

Au même moment, on entendait des cris de joie en disant ceci : liberté, liberté.

Ceci dit, merci de nous avoir séparé du dictateur et de tout autre mal qu'on pouvait lui attribuer en ce moment.

Personnellement, la question que je me posais nous avons une idée sur celui qui est parti mais qui est celui qui est venu ?

Quelle est son intention tout comme son ambition pour la Guinée ?

La deuxième chose était de savoir est-ce que cette arrestation dont certains se réjouissent mettra fin à leur souffrance ?

Pourquoi aucun président n'est jugé bon qu'après avoir libéré le fauteuil ?

Toutes ces questions ont été posées parce qu'il est très facile de jetter un regard sur les autres.

Maintenant la question qui mérite d'être posée est la suivante est-ce que sommes-nous pas le problème nous-mêmes ?

Si celui qui était applaudit hier est traité de tout aujourd'hui, c'est une prétention ou une précipitation ?

D'accord il faut cesser de croire qu'on peut aller plus vite que le temps, et si nous continuons toujours à subir les conséquences des erreurs qui datent des années 80 c'est parce que nous continuons aussi à supporter les auteurs.

En réalité, notre critique ne devrait pas s'accentuer sur une ethnie ou un parti politique, mais plutôt sur des personnes et leur manière de faire.

C'est à nous de changer ce qui doit changer, pour le faire il faudrait que nous adoptions des attitudes qui prouvent réellement notre volonté de changement.

Le développement d'un pays exige une implication constante et une participation individuelle de chaque citoyen, mais pas se jeter des flèches.

Les guinéens doivent s'opposer contre toute manipulation ou division, dans la mesure où elles constituent un frein contre tout projet de développement.

L'Etat doit créer toutes les conditions, qui puissent permettre aux citoyens de participer obligatoirement à l'émergence de leur pays.

Aucun intérêt personnel ne devra faire l'objet d'une défense collective, il faut défendre la nation et non un individu dont l'expression n'est pas en conformité avec celle du pays.

Si nous voulons vraiment donner du sens à notre combat, nous allons lui consacrer à la préservation de l'unité nationale, au respect des lois, de la culture et de l'art.

Nous voulons d'une Guinée basée sur la démonstration des idées positives ainsi qu'objective.

La dignité consiste à dire la vérité à qui elle fait mal mourir en ayant une vision, rester conforme à ses opinions car c'est possible que l'on déforme certaines lignes, mais quant à l'histoire elle ne trahira jamais.

Les vrais hommes, sont ceux qui n'ont pas peur de perdre leur vie quand il s'agit de défendre la vérité. Il serait important que nous apprenions à défendre cette vérité qui reste éternelle, car l'homme est mortel et son temps est passager.

Ce qui est évident, nous avons parfois des personnes qui disent vraiment ce qu'il faut, mais très fort malheureusement au lieu de prendre en compte ce qu'elles disent on s'intéresse plutôt à leur nom de famille on ne peut construire ce pays en ayant ces genres de pratiques.

En réalité, cette appartenance religieuse, et ethnique dont certains considèrent comme une rivalité voire haine devrait plutôt servir à renforcer l'unité nationale.

La diversité culturelle, et dermatologique ne sont rien d'autres que l'ingéniosité du Tout Puissant à créer plusieurs êtres ainsi que objets morphologiquement différents, sans quoi nous sommes les mêmes, nous avons tous des ambitions et des objectifs, nous méritons tous respect ainsi que considération. Par contre, ayons la force de dire à quelqu'un qu'il a tort lorsque c'est le cas.

Il faut savoir que, c'est nous qui sommes à la base de ce que nous détestons pour le remplacer il nous faudra nécessairement prendre le temps d'y réfléchir.

Apprendre à conjuguer le même verbe, accepter de se retrouver autour de la table quelle que soit la gravité de la situation.

Il n'y a pas de problème sans solution la rue ne pourra jamais résoudre nos problèmes, j'invite les intellectuels du pays à faire preuve de sagesse en évitant de tenir des discours populistes.

La valeur d'un intellectuel, c'est de faire une analyse critique et objective face à une situation particulière, son rôle consiste à apporter une solution face à la délicatesse mais aussi à la divergence des opinions.

Un intellectuel ne doit point se laisser emporter par l'émotion, ou l'euphorie quelle que soit l'ampleur de l'événement.

L'intellectuel étant une lumière dans une société, doit se munir d'une arme qui sert à rassembler en toute circonstance et en toute impartialité.

Nous avons intérêt à nous faire confiance car la solution à nos problèmes ne viendrait jamais ailleurs, nous devons nous dire la vérité car personne ne peut changer la donne sans nous.

Si nous aimons réellement ce pays, nous devons accepter de changer sans aucune dichotomie.

On ne peut pas avancer en rang dispersé, avec des religieux hypocrites, des cadres corrompus, et des populations vendues.

Notre cible commune doit être le mal qui nous empêche de voir la bonne direction, lorsque nous sommes conscients de l'existence du mal, nous devons tous faire en sorte que la personne qui en est à la base soit arrêtée afin de répondre de tes actes quels que soient nos liens.

Il faut arrêter de juger un accusé avant que la justice ne se prononce, à l'intention de certaines organisations non gouvernementales, et de certaines formations qui se disent politique inutile de saisir une justice étrangère dans un problème guinéen c'est là l'importance de l'indépendance.

Il est bien vrai que le rôle de la presse qu'elle soit écrite ou orale consiste à collecter, traitée et diffuser des informations mais elle doit tenir dès fois compte des circonstances. En fait, toute information capable de provoquer la colère du peuple, et qui puisse engendrer des conséquences destructrices mérite d'être traitée avant sa diffusion.

Toute loi autorise et interdit, c'est-à-dire que si elle défend une cause commune elle en interdit une autre en même temps.

Par contre, tout organe obéit à une certaine éthique et déontologie dont il faut tenir compte.

Je suis entièrement d'accord du fait que les manifestations sont autorisées par la constitution, en revanche il faut aussi tenir compte des glissements souvent liés aux propositions faites par les autorités du pays. En effet, quand on aime un pays, on doit se lever comme un seul homme pour soigner ses maux, éviter de lui déstabiliser, défendre ses intérêts, ses acquis respecter ses lois et ses institutions.

Notre situation n'est pas la plus catastrophique de la sous-région, c'est plutôt notre façon de se conduire qui fait défaut pour ce, il faut le corriger de long en large.

Le retour à l'ordre constitutionnel dont nous réclamons, est fondamental en ce qui concerne la normalisation de notre pays mais l'accent qu'il porte ne me paraît pas trop important.

Nous avons toujours fait les choses en mani-militari ce qui n'a jamais été à la hauteur des satisfactions du peuple par contre, à un moment donné il faut y réfléchir avant d'entamer les choses.

Prenons les dernières heures, nous avons manifesté contre les sadiques du CNDD nous avions vu la fin de ce pouvoir illégal après une année la même chose à été faite contre Konaté nous avions tous suivi aussi le déroulement de ce corps électoral.

Nous avons prié dans toutes les mosquées et églises avant les élections afin que Dieu nous donne un bon président, après le vote Alpha condé est élu nous avons critiquer son élection, dès après son investiture des manifestations chaudes ont été engagées de façon successives durant tout son régime.

Le non-respect des accords, le non-respect du code minier, la cherté du marché, le non-respect du fichier, les exactions contre le peuple, ou encore la violation de la constitutionnelle.

Il est dictateur, pourtant il faut reconnaître une chose Alpha condé a fait ce qu'il a pu faire malgré que tous les maux lui eussent été attribué.

Le front a été mis en place, pour contrecarrer son pouvoir avec des jeunes ainsi que la quasi-totalité des leaders politiques.

En réalité, toutes ces manifestations n'avaient qu'un seul but l'accession au pouvoir.

Aujourd'hui, c'est contre le CNRD si, personne n'est bonne alors où est maintenant la bonne personne ?

Quelle solution faut-il envisagée désormais pour une sortie de crise définitive ?

Chacun veut se lancer dans la politique, chacun veut devenir président sans aucune vision.

Parmi eux qui faits quoi pour rehausser le niveau de l'élève guinéen ?

Quels sont ceux qui investissent dans l'éducation ou encore dans la formation des jeunes qui seront les futurs cadres de demain ?

Ceci dit, il y a beaucoup de choses à changer avec nous-même la politique est loin d'être la seule arme qui puisse changer le monde.

Certains jeunes passent tout leur temps à insulter ou à critiquer les autorités sur les réseaux sociaux, mais ils ne proposent aucune solution.

Personne ne parle de l'agriculture, comment pouvons-nous bénéficier de ce dispose notre pays, lorsqu'on estime qu'il n'appartient qu'à ceux qui le dirigent.

Lorsqu'on ne soucie point de ce qu'on doit faire pour son pays, consacrer tout son temps aux critiques est une démission une fuite flagrante à ses responsabilités.

Ce n'est pas un fait de hasard, si nous avons décidé de choisir monsieur Kerfalla Person Camara comme une référence pour la jeunesse guinéenne.

Nous connaissons parfaitement la vérité, nous avons donc intérêt de l'établir pour mieux s'orienter vers la bonne direction.

Ce pays ne nous offrira aucun bonheur, aucune paix, aucune envie d'être si nous ne savons pas que nous devons lui mettre dans les conditions qu'il faut.

Pour profiter pleinement d'une chose de la plus belle manière, il faudrait obéir à ses principes.

Nous ne pouvons pas dire que nous aimons notre pays, sans avoir la moindre considération pour ses autorités.

Qu'on le veuille ou pas la présence des forces de l'ordre parmi nous est obligatoire, car elles sont censées de veiller sur nous et nos biens.

Elles assurent notre sécurité, elles interviennent en cas d'une attaque, elles sont aussi chargées de maintenir de l'ordre dans la cité. Nous devons aussi leurs fournir des informations en cas de besoin, afin de leurs faciliter des investigations. En réalité, nous sommes indivisibles nous ne devons pas les haïr nous devons les respecter.

Il est vraiment inacceptable de voir un citoyen prendre des cailloux jeter sur un homme de tenue, c'est un vilain comportement.

Quel que soit notre mécontentement, ne menaçons jamais les hommes d'uniformes ceci est une mauvaise image pour notre chère patrie.

Évitons ceux qui nous prennent en otage, la plupart des hommes avec lesquels nous menons des combats aujourd'hui ont leur côté sombre.

Pour mieux faire face à notre destin et à notre responsabilité nous devons prioriser notre formation, tout comme l'éducation des enfants pour l'éclosion d'une nouvelle mentalité différente de celle qu'on a aujourd'hui c'est cela l'avenir.

Le combat de tout guinéen doit être celui qui concerne la construction de notre beau pays avec sa riche culture, et son paysage multiforme.

Nous avons toutes les possibilités naturelles de changer le visage de la Guinée, je demande à tous les citoyens de pardonner et de placer la Guinée au-dessus de tout c'est la seule chose qui nous restera comme souvenir.

J'aime ce pays qui m'a vu naître et grandir, je le suis reconnaissant et je me battrai à fond afin de lui rendre heureux.

La Guinée ma patrie !
La Guinée mon âme !
La Guinée mon combat!

FSC
www.fsc.org
MIX
Papier | Fördert
gute Waldnutzung
FSC® C083411

Kolibri 360 GmbH
Ferdinand-Jühlke-Straße 7
99095 Erfurt, Deutschland
produktsicherheit@kolibri360.de

Druck:
CPI Druckdienstleistungen GmbH
im Auftrag der
Kolibri 360 GmbH
Ferdinand-Jühlke-Str. 7
99095 Erfurt